NOTICE

TRAVAUX DE M. A. TRIPIER

A L'APPUI DE SA CANDIDATURE

A L'ACADÉMIE IMPÉRIALE DE MÉDECINE

PARIS

IMPRIMERIE DE E. MARTINET

RUE MIGNON, 2

1864

NOTICE

SUR LES

TRAVAUX DE M. A. TRIPIER

PHYSIOLOGIE

1. De l'excrétion urinaire. *Quelques considérations sur le mode d'action des diurétiques* (Thèses de Paris, 1856).

Après avoir examiné la place que tient l'urination dans le concert des actes physiologiques, je rappelle, d'après MM. Poiseuille, Wœhler, Ludwig, Goll, l'importance du rôle que jouent, dans l'accomplissement de cette fonction, les conditions de pression du sang dans l'appareil artériel, et, d'après MM. Bouchardat et Traube, les effets connus des divers diurétiques. Le rapprochement de ces deux ordres d'observations me conduit à admettre que la diurèse reconnaît constamment pour cause prochaine une augmentation de la pression artérielle. Celle-ci peut s'obtenir :

1° En augmentant la quantité du liquide en circulation : soit par ingestion directe, — soit par les moyens qui activent la désassimilation, — soit par ceux qui activent l'assimilation, et, par contre-coup, la désassimilation, — soit en diminuant les autres excrétions exagérées par un état d'atonie générale, et produisant ainsi une diurèse supplémentaire ;

2° En agissant sur l'appareil circulatoire : soit directement, — soit par l'intermédiaire du système nerveux.

Le mécanisme prochain de la diurèse étant toujours le même, les moyens de la provoquer sont donc variés. Le choix du procédé à adopter dans un cas donné doit être basé sur une double indication ou sur une contre-indication.

2. Nouvel appareil d'induction voltaïque à hélices mobiles. (*Comptes rendus de l'Académie des sciences*, 1860.)

Dans les appareils volta-faradiques de la pratique médicale, les courants de faible tension sont constamment fournis par le circuit inducteur, et peuvent être considérés comme tous de même sens, l'extra-courant de fermeture étant négligeable. Quant aux courants de haute tension donnés par le circuit induit, ils sont de directions alternativement contraires.

Ces courants présentent donc des différences de deux ordres qui ne permettent pas d'en analyser les effets par une simple épreuve comparative.

Afin de pouvoir étudier isolément l'influence de la tension et celle du renversement de direction des courants, j'ai rendu mobiles les hélices B, B' de mon appareil, chacun des circuits pouvant donner passage à volonté aux courants inducteurs ou induits.

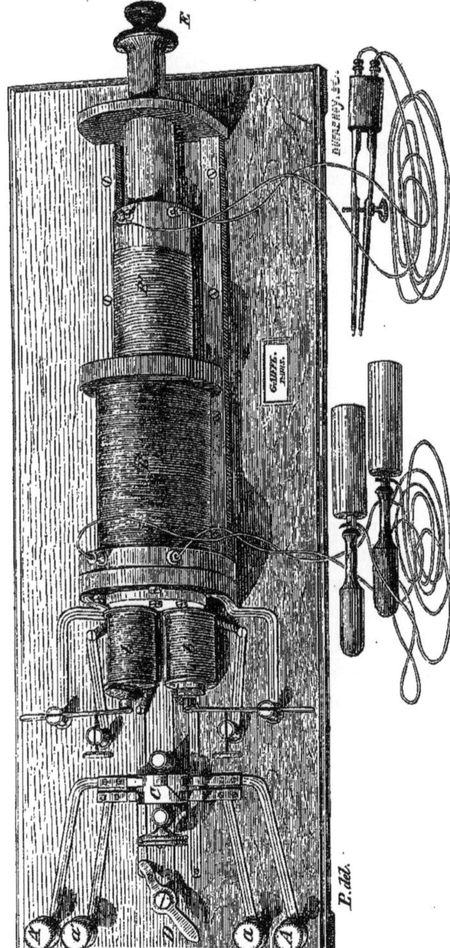

Les deux bobines B, B' sont mobiles suivant leur axe, indépendamment l'une de l'autre. Il en est de même du faisceau de fer doux engagé dans l'anneau que forme la bobine intérieure, faisceau dont le manche se voit en E.

Lorsqu'on veut soustraire l'une des bobines aux actions exercées sur elles par le passage des courants induits développés dans l'autre bobine, on retire cette dernière. Le recul de la bobine dans laquelle se produisent les courants induits permet d'affaiblir à volonté ces courants. Les extra-courants s'affaiblissent au moyen d'un tube à eau. Les courants induits et les extra-courants s'affaiblissent encore par le retrait du faisceau de fer doux.

Chaque circuit a sa pile, en rapport avec la résistance de son fil. Un interrupteur automatique est intercalé dans chacun des circuits. Une manette D règle les communications de chacune des piles avec son circuit. Un commutateur C permet de lancer le courant dans l'une ou l'autre des bobines, et, en même temps, d'en renverser le sens à volonté.

3. Fonction électrique de la torpille. (*Annales de l'électrothérapie*, 1863.)

La question anatomique n'a été examinée, dans l'étude que je rappelle ici, qu'au point de vue des données qu'elle pourrait fournir à l'intelligence de la fonction électrique de la torpille; — je ne m'y arrêterai pas.

Les recherches des physiciens et des physiologistes, celles notamment de M. Matteucci et de M. Armand Moreau, ont très-nettement établi que la décharge de la torpille est une décharge électrique; que ce phénomène est lié à l'existence d'organes bien définis; qu'il se produit volontairement et par mécanisme réflexe; enfin, que l'électricité manifestée par la décharge se forme dans l'organe électrique qui est, dans sa fonction, indépendant des centres nerveux au même titre que le muscle l'est lui-même dans le phénomène de la contraction.

Deux questions importantes restent actuellement sans solution : celle du mécanisme de la production d'électricité, et celle du mécanisme de la décharge; c'est à en poser et à en préciser les termes que je me suis appliqué.

Parmi les hypothèses et comparaisons qui ont été invoquées pour rendre compte de la production de l'électricité, une seule me paraît actuellement soutenable : c'est celle qui assimile l'organe électrique à une pile. Le nombre des disques qui forment les prismes est assez considérable pour expliquer la tension qui existe au niveau des faces polaires de ceux-ci; et ces prismes sont assez nombreux pour expliquer l'intensité de la décharge, si tant est qu'on doive regarder chaque organe électrique comme un agrégat de piles dont chacune serait formée par la série des disques qui constituent un prisme.

Les nombreuses expériences de M. Matteucci et celles de M. Armand Moreau sont peu favorables à l'admission de l'analogie précédente.

Les expériences de M. Matteucci sont plutôt contraires à cette hypothèse; mais, quelque obscurs que s'y soient montrés les phénomènes chimiques dont l'organe électrique est le siége, il est constant que cet organe se nourrit; une expérience curieuse de M. Matteucci montre même que le mouvement de dénutrition peut y être très-actif, et que le système nerveux exerce sur lui une influence notable quoique non encore définie. Or, le fait de la nutrition suppose un double mouvement chimique dans lequel il est rationnel de voir une cause d'électrogénèse. Quelles sont maintenant les conditions de la nutrition de l'organe électrique? Quels rapports a son activité plus ou moins grande avec l'état permanent ou passager de la circulation et de l'innervation ?— Ce sont là les questions qu'il importe aujourd'hui de résoudre; et ce n'est qu'après qu'on sera en possession de ces éléments physiologiques du problème qu'on pourra utilement appeler la physique et la chimie à en compléter la solution.

Quant au phénomène de la décharge, il constitue un fait distinct de la production de l'électricité. Ce phénomène se manifestant sous l'influence de la volonté, ou par mécanisme réflexe, ou par l'excitation directe des nerfs qui se rendent à l'organe, il est clair que l'appareil nerveux prend à sa production la part la plus importante. Le rôle des nerfs est complexe; il doit se trouver en rapport et avec la production de l'électricité et avec sa manifestation. L'appareil électrique des poissons peut être, sans doute, à cet égard, comparé à la plupart des organes sécréteurs, dans lesquels, ainsi que l'a établi M. Claude Bernard, un appareil nerveux préside à la nutrition durant la période du repos, tandis qu'un autre, alors qu'arrive la période d'activité apparente de l'organe, détermine l'expulsion du produit sécrété. Cette vue séduisante a été indiquée par M. Matteucci; mais on ne possède encore aucune donnée qui permette de localiser la double aptitude que l'observation conduit à attribuer aux nerfs de l'organe électrique.

4. Précis de physiologie formant la première partie d'un manuel d'hygiène auquel il sert d'introduction. (V. n° 10.)

Sommaire de la première partie : PHYSIOLOGIE.

I. VIE DE RELATION OU ANIMALE. — *Appareil locomoteur.* — *Système nerveux.*

II. VIE DE NUTRITION OU VÉGÉTATIVE. — *Assimilation.* Absorptions digestives, cutanée, respiratoire. — *Désassimilation.* Excrétions urinaire, cutanée, respiratoire.

III. DU SANG. — Circulation sanguine et lymphatique. — Chaleur animale. — Influence du système nerveux sur la circulation.

IV. DES CONDITIONS PHYSIOLOGIQUES INDIVIDUELLES. — Longévité individuelle. Mort naturelle. — Constitution. Tempéraments. Idiosyncrasies. — Hérédité. Consanguinité. — Habitudes. — Ages. — Sexes.

L'article *longévité individuelle* est le résumé d'un travail, antérieurement publié, dans lequel je développais cette thèse: que pour l'individu, agrégat de cellules, comme pour la cellule isolée, la possibilité de l'accomplissement des actes vitaux est limitée par l'épuisement de la force initiale de développement; que, par suite, la mort naturelle doit être comprise de deux manières : par épuisement de la puissance plastique initiale de la cellule embryonnaire, et par épuisement de la puissance plastique initiale des cellules qui concourent à former un système histologique. Dans ce dernier cas, il y a maladie, c'est-à-dire réaction des systèmes qui n'ont pas épuisé leur somme de vie, tendance à un mouvement irrégulier des rouages survivants. Cette circonstance de la survie d'une partie de l'organisme et du désordre fonctionnel qui en résulte, a empêché de ranger la mort par épuisement circonscrit à côté de la mort naturelle. Cependant, au point de vue de la longévité possible, on ne saurait les séparer : toutes deux sont nécessaires; les causes de toutes deux datent des premiers instants de l'organisation : enfin, contre toutes deux la médecine ne peut rien.

5. M. Claude Bernard a bien voulu m'associer à la rédaction des six derniers volumes de ses *Cours du collége de France*. Je saisis l'occasion qui s'offre ici de lui témoigner toute ma reconnaissance pour ses précieuses leçons et ses bienveillants conseils.

HYGIÈNE

6. Ventilation des hôpitaux. (*Clinique européenne*, 1859.)

Dans une revue critique des publications relatives à la ventilation des hôpitaux, j'ai cru devoir insister sur les desiderata qui me paraissaient entraîner la nullité des conclusions générales prises par les auteurs dont j'avais à examiner les travaux :

1° Constamment la question scientifique a été subordonnée à la question administrative, ou confondue avec elle.

2° Les discussions entre les partisans de la ventilation par appel et ceux de la ventilation par injection ne devaient pas aboutir, parce que la question en litige n'était pas posée ou était posée dans des termes qui enlevaient tout caractère contradictoire aux arguments mis en avant.

Dans ses traités avec les entrepreneurs, l'administration ne pouvait faire porter ses exigences que sur la *quantité* d'air à extraire ou à refouler. Cette condition, seule mesurable, est, en effet, seule de nature à figurer dans un cahier des charges. C'est à ce point de vue que se sont placés les commissaires chargés par l'administration d'étudier la question en même temps que de vérifier le rendement des appareils fournis. Ils ont vu que les appareils injecteurs installés dans les hôpitaux donnaient le mètre cube d'air pour un prix inférieur au prix du mètre cube d'air extrait par appel ; et ils ont conclu que la ventilation par appel avait fait son temps.

Les partisans de la ventilation par appel faisaient remarquer avec raison que la distribution de l'air fourni par l'injection ne se fait dans de bonnes conditions qu'accidentellement, et que l'appel seul permet de donner aux mouvements de l'air des directions qui satisfassent aux exigences hygiéniques spéciales à certains locaux en tête desquels doivent être placés les hôpitaux.

Renfermée dans ces termes, la polémique ne pouvait aboutir. Les observations avaient été faites avec soin ; mais elles ne comportaient pas les conséquences qu'on en tirait. De part et d'autre il y a eu confusion entre la ventilation totale et la ventilation efficace ; enfin, les études ont porté sur des appareils installés dans des conditions assez différentes pour interdire les comparaisons qui en ont été faites.

L'appel et l'injection ne sauraient que très-exceptionnellement, et dans des circonstances bien définies qui ne sont pas réalisées dans les hôpitaux, être employés séparément. Le renouvellement commandé uniquement par les moyens d'appel peut se faire presque entièrement en pure perte par les ouvertures accidentelles, ainsi que cela a lieu l'été dans les théâtres du Châtelet. Quant au renouvellement commandé uniquement par l'injection, s'il est plus économique, entraînant une moindre perte de force, il a l'inconvénient de ne pas satisfaire à une exigence hygiénique qui n'est nulle part plus impérieuse que dans les hôpitaux : celle de faire à chaque individu une atmosphère qui lui soit propre, et d'éviter la dissémination des causes d'infection.

Ces considérations m'avaient conduit, en 1859, à combiner les deux procédés de ventilation en vue de l'assainissement des salles de spectacle : ces derniers locaux sont ceux dans lesquels la solution est le plus facile et le moins coûteuse.

J'aurai prochainement l'honneur de soumettre à l'Académie un projet de ventilation des hôpitaux reproduisant l'économie du dispositif que j'ai proposé pour les théâtres : *Évacuation périphérique déterminée par des appels,—renouvellement central ayant lieu par injection,— avec la précaution de régler l'appel et l'injection de manière que l'injection soit équivalente à l'appel, ou ne l'emporte que d'une quantité assez faible pour empêcher le renouvellement à niveau par les ouvertures accidentelles.*

7. Ventilation des théâtres.

Les premières tentatives d'assainissement des théâtres remontent à plus de trente ans. Le détail des expériences faites par la commission chargée de cette étude est resté inédit ; toutefois Darcet en publia les conclusions qui conduisirent à recommander l'adoption des dispositions suivantes :

1° Évacuation centrale et supérieure de l'air vicié, évacuation se produisant sous l'influence d'un appel énergique déterminé au centre de la voûte par la chaleur du lustre.

2° Renouvellement de l'atmosphère de la salle par de l'air pris au dehors ou dans les caves, et amené dans la salle par des canaux venant, dans l'épaisseur des planchers, s'ouvrir au-devant des loges.

On doit tout d'abord reprocher au système de Darcet un vice fondamental : il peut donner une ventilation *totale* considérable ; mais la ventilation efficace est à peu près nulle. Un courant énergique s'établit, en effet, du devant des loges à la voûte, dans des espaces où l'air est relativement pur, et qui sont vides de spectateurs. Cette disposition, sans avantages au point de vue hygiénique, est enfin déplorable au point de vue de l'acoustique, le courant ascendant de la ventilation figurant un cône admirablement disposé pour contrarier la propagation des sons.

Mais le dispositif proposé par Darcet, et appliqué au théâtre qui est aujourd'hui le Vaudeville, n'a pas été sérieusement essayé : les prises d'air étaient mal disposées et insuffisantes ; les canaux ont été ou se sont bouchés. Dès lors le courant ascendant déterminé par l'appel du lustre s'est trouvé alimenté, partie par de l'air venant de la scène, partie par l'air qui se précipite des corridors dans les loges par les joints des portes. Dans ces conditions accidentelles, qui aujourd'hui sont partout la règle, la ventilation se fait un peu mieux puisqu'une partie notable du courant traverse les loges ; mais elle est extrêmement gênante pour les spectateurs, et contrarie toujours l'acoustique.

Un peu plus tard, M. Th. Charpentier voulut installer à l'Opéra-Comique un dispositif un peu différent et qui réalisait un perfectionnement. Au lustre central, M. Charpentier avait substitué une couronne de torchères distribuées autour de la salle. Chacune de ces torchères avait sa cheminée ; toutes les cheminées venaient aboutir à un canal d'évacuation commun. Il y avait là un progrès notable au point de vue de l'acoustique ; de plus, l'air étant extrait dans des parties plus voisines de celles où il était vicié, la ventilation efficace devenait une fraction moins insignifiante de la ventilation totale. Un trait de routine peu croyable empêcha jusqu'à l'essai de cette ventilation pour laquelle tout était préparé ; M. Charpentier dut percer le centre de la voûte et y installer un grand lustre. L'air neuf arrivait, à l'Opéra-Comique comme au Vaudeville, en quantité insuffisante et dans des conditions défectueuses.

Mon premier essai *sur la ventilation et l'éclairage des salles de spectacle* a paru en 1858, dans les *Annales d'hygiène publique et de médecine légale*. J'y proposais un ensemble de dispositions rentrant dans l'économie générale du plan de M. Charpentier, que je ne connaissais pas alors.

Mais, dans le courant de l'année 1858, j'eus l'occasion de faire au théâtre Français et à l'Opéra-Comique, avec le concours de M. Juette, une série d'observations qui modifièrent complétement mes idées. Aussi, M. Charpentier, qui poursuivait alors les études du théâtre actuel de Toulon, m'ayant demandé pour ce théâtre un projet de ventilation, je lui remis, en février 1859, les croquis d'un dispositif qui présente le renversement des précédents. Ce dispositif fut l'objet d'une *Note sur la ventilation des théâtres*, insérée dans le numéro de juillet des *Annales d'hygiène*. Je crois devoir reproduire ici la figure qui, dans les *Annales d'hygiène* (juillet 1859), accompagne ma note, ainsi que quelques lignes de celle-ci.

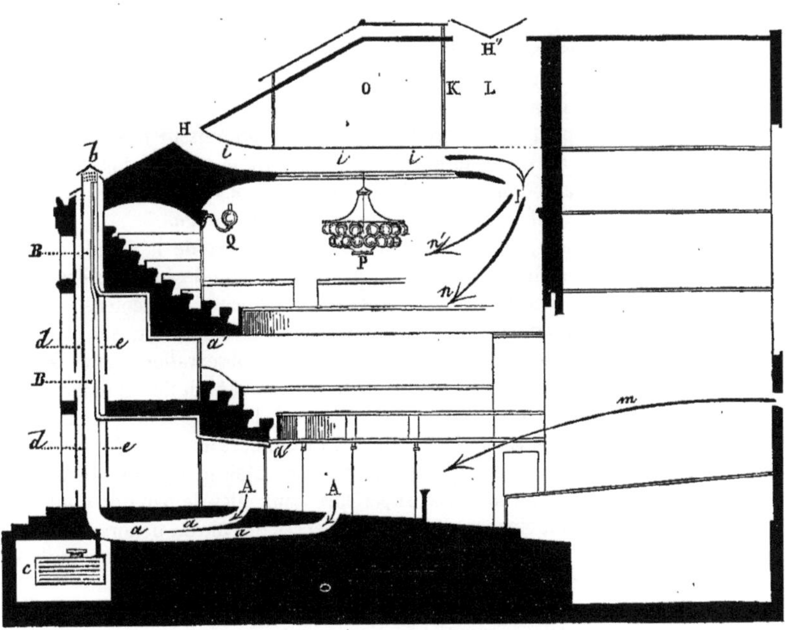

Fig. 1. — Projet d'ensemble (1859); coupe longitudinale.

A, A, bouches d'évacuation, prenant l'air sous le parterre. — *a, a*, canaux le condui
à la cheminée d'évacuation. — *a', a'*, orifices de conduits qui prennent l'air dans la sal
différentes hauteurs et le conduisent dans la cheminée d'évacuation. — BB, cheminée d
pel, coiffée d'une mitre Millet *b*. — *c*, chaudière destinée à chauffer un poêle à eau,
circulation d'eau ou de vapeur, ou calorifère à air. — *dd*, cheminée enveloppante, con
trique à la cheminée d'appel, fermée en haut pour chauffer. — *ee*, idem, ouverte en l
pour ventiler. (Le bénéfice de cette cheminée extérieure ne devant pas compenser les l
de son installation et la gêne causée par son diamètre, il pourrait être avantageux d
supprimer.)

H, prise d'air à l'extérieur. — *iii*, conduit amenant l'air dans la salle. — I, arrivée
l'air pur dans la salle.

M, bouches de chaleur ouvrant au fond de la scène (chauffage et ventilation d'hiv
— *m*, direction du courant entrant (air chaud, hiver). — *n*, direction du courant ent
air frais, été et hiver). — *n'*, courant d'air pur, alimentant la combustion des l
d'éclairage.

O, grenier. — P, lustre central. — Q, petits lustres à la périphérie de la salle.

Autre disposition du renouvellement de l'air : H', prise d'air pur. — K, cloison iso
une partie du grenier. — L, chambre à air frais. — I, arrivée de l'air pur dans la s
(Avec cette disposition disparaîtrait la partie ponctuée de la paroi supérieure du conduit

Dans ce projet, l'évacuation de l'air vicié se fait *par appel, en contre*

Cet air, pris dans la salle par les bouches A, A, a', a', est conduit par des canaux a,a, situés sous le parterre et compris dans l'épaisseur des planchers, dans une cheminée d'appel B, B.

L'appel peut être déterminé, soit par un propulseur mécanique, soit par un poële à air ou à eau chauffé à l'eau ou à la vapeur, soit enfin, comme cela a lieu à Toulon et dans la nouvelle salle des Bouffes-Parisiens, par des becs de gaz qui servent en même temps à l'éclairage.

« L'air neuf, pris en H, à la partie supérieure de la façade du théâtre, serait amené dans la salle en I, au-devant et au-dessus du rideau, par un large conduit circulaire i, i, i, posé sur le plancher du grenier.

» Le mouvement de l'air frais par cette voie pourrait, s'il était besoin, être déterminé par un propulseur. Mais des observations faites à l'Opéra-Comique m'ont convaincu que ce mouvement aurait lieu spontanément.

» D'ailleurs il serait facile de disposer la prise d'air de manière que l'arrivée spontanée de l'air frais en I ait toujours lieu. Il suffirait, pour cela, de séparer du reste du grenier, par une cloison K, une chambre à air frais L, portant à sa partie supérieure deux ailes de papillon dont l'ouverture plus ou moins grande réglerait l'accès de l'air du dehors. »

De ces deux dispositifs du renouvellement, le premier devait servir l'hiver ; le second, l'été ou toujours.

« Pour compléter ce qui est relatif à la ventilation, il me reste à indiquer une source d'air pur qui ne serait utilisée que pendant l'hiver.

» Le chauffage de la salle se fait par des bouches qui s'ouvrent, non plus dans les corridors, comme cela a lieu partout, mais au fond de la scène, en M. L'hiver, ces bouches fournissent un certain volume d'air qui chauffe en même temps qu'il ventile, et rend moins appréciable le refroidissement causé par l'arrivée de l'air frais en I, arrivée que ce mode de chauffage permet d'ailleurs de modérer en raison du volume d'air qu'il fournit à la ventilation. »

L'économie générale du projet était enfin résumée dans les lignes suivantes.

« Tandis qu'aujourd'hui l'évacuation de l'air vicié se fait par un courant central, et son renouvellement par des courants entrants périphériques, l'évacuation se fait, dans le système que je propose, par la périphérie, et le renouvellement, par un courant entrant qu'on peut considérer comme central n, n', ou par deux courants nn' et m, dirigés tous deux de la scène vers la salle. Cette condition, outre les avantages qu'elle présente au point de vue de la ventilation, est encore éminemment favorable à l'acoustique. »

Le système de ventilation qui vient d'être exposé a donné à Toulon (1862) des résultats satisfaisants. Quelques modifications de détail m'avaient paru cependant pouvoir y être apportées avec avantage. La plus importante consiste dans la substitution d'une évacuation en nappe à l'évacuation par des tuyaux. (Voy. fig. III.)

Les figures ci-jointes représentent le projet ainsi modifié que j'avais, en octobre 1861, remis à mon ami Ch. Garnier, architecte du nouvel Opéra. La question de l'éclairage n'étant pas résolue à cette époque, la partie supérieure de la coupe est donnée en double ; une des dispositions (fig. II), répond à l'adoption d'un système de torchères périphériques ; l'autre (fig. II *bis*), à l'adoption d'un lustre central. Ce projet ne fut pas accepté par le ministère d'État, alors chargé des théâtres ; mais il avait été adopté par M. Charpentier fils, pour la nouvelle salle des Bouffes-Parisiens, où des raisons d'économie et le défaut de place n'ont pas permis de l'exécuter convenablement.

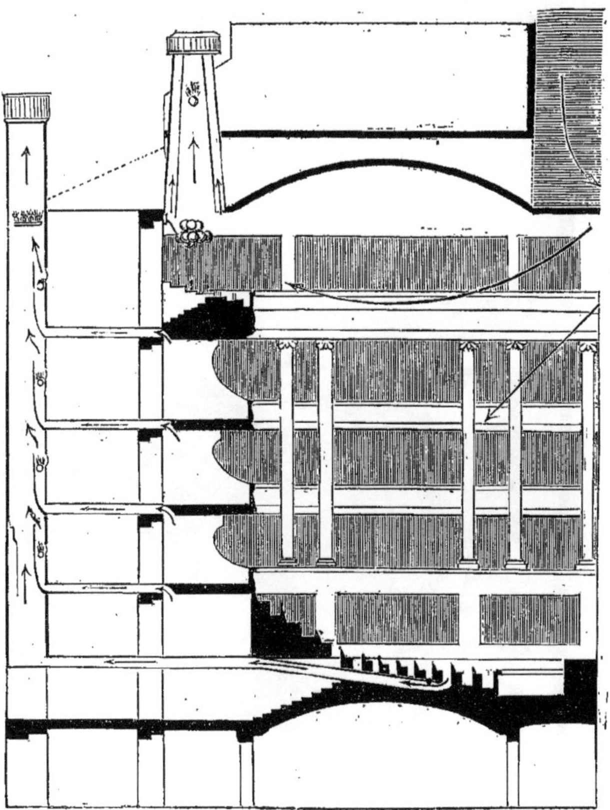

Fig. 2. — Projet pour les opéras de Paris et de Vienne et pour la nouvelle salle des Bouffes-Parisiens (1861). — *Coupe longitudinale.*

Ventilation d'hiver et d'été. — Éclairage par un système de torchères périphériques.

(On pourrait faire aboutir les cheminées qui surmontent les torchères à un canal d'évacuation commun, comme dans la figure 2 *bis.*)

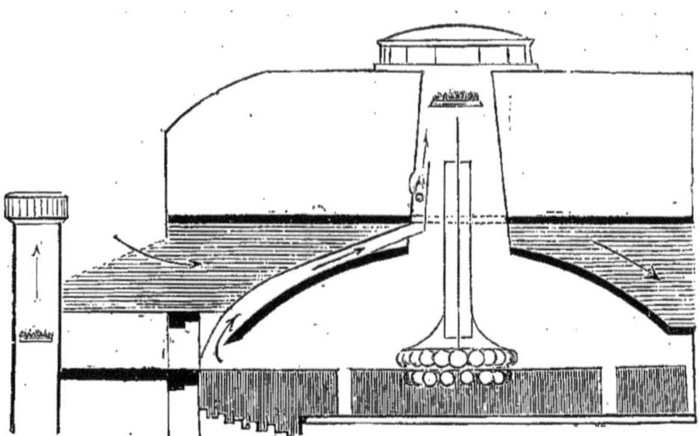

Fig. 2 *bis*. — VARIANTE DU MÊME PROJET.

Éclairage par un lustre central. Ventilation d'hiver. Le canal circulaire *iii* de la figure 1 est inutile ici, le grenier étant double dans les théâtres voûtés.

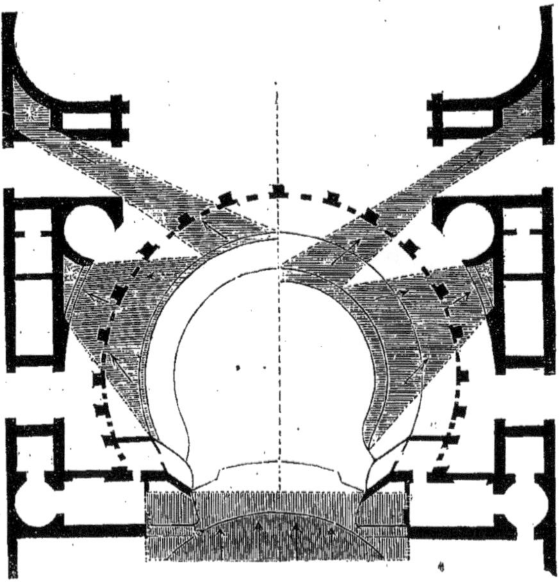

Fig. 3. — PROJET POUR LES OPÉRAS DE PARIS ET DE VIENNE ET POUR LA NOUVELLE SALLE DES BOUFFES-PARISIENS (1861). — *Plan*.

Les surfaces teintées, allant de la salle aux cheminées, répondent aux nappes d'évacuation. La partie droite de la figure donne le plan de l'évacuation au parterre ; la partie gauche, celui de l'évacuation aux divers étages.

Le rectangle teinté, embrassant l'ouverture de la scène, figure la projection sur le plan horizontal de la chambre à air destinée à fournir au renouvellement.

Les essais de ventilation des théâtres entrepris plus récemment au nom de la ville de Paris ont donné lieu à des publications de M. le général Morin que j'ai eu à apprécier dans l'*Ami des sciences* (1861, n°ˢ 45, 46 et 47), et dans les *Annales d'hygiène publique et de médecine légale* (juillet 1864). Je ne crois pas devoir rappeler ici la substance de ces derniers travaux dont les faits ont justifié la partie critique ; ils m'ont permis d'apporter de nouveaux arguments à l'appui du dispositif indiqué plus haut, et d'en faire mieux comprendre l'économie générale.

8. Réglementation de la prostitution. (*Clinique européenne*, 1859), à l'occasion d'un mémoire de M. J. B. Venot, chirurgien en chef de l'hôpital Saint-Jean, de Bordeaux, *sur la pseudo-syphilis des prostituées, envisagée au point de vue de l'hygiène publique.*

La question de la pseudosyphilis des filles soumises est une des plus propres à mettre en évidence les vices et l'impuissance de la réglementation en matière de prostitution. Telle est du moins l'impression, tout opposée aux vues de M. Venot, que m'a laissée la lecture de son travail.

M. Venot constate : « que les lésions organiques des parties sexuelles de la femme désignées par le nom générique de pseudo-syphilis ne sont pas contagieuses ; — que ces lésions sont incurables. » Que faire alors des filles soumises pseudo-syphilitiques ? L'administration doit-elle les remettre dans la circulation ? — Oui, n'ose pas dire l'auteur, parce qu'il est impossible de réduire le personnel de la prostitution officielle sans augmenter par là le personnel de la prostitution clandestine.

Échappant alors à la question, M. Venot propose contre la prostitution libre des mesures qui, sans même résoudre la difficulté soulevée par le chirurgien de l'hôpital Saint-Jean, aboutiraient à livrer au bon plaisir des gens de police la mise en carte préventive de toute une ville.

Frappé tout d'abord du défaut de logique de cette conclusion monstrueuse, je me suis trouvé conduit à établir que si la réglementation actuelle ne donne aucun bon résultat, cela tient, non à son insuffisance, mais à ce que sa nature même la condamne à n'être qu'une source d'abus et une garantie hygiénique illusoire.

Le chapitre des abus ne relève pas de l'hygiène. Un éminent écrivain a donné en peu de mots une idée de ce qu'il peut être, lorsqu'il a constaté qu'en France les filles tiennent le premier rang parmi les gens « que la loi dédaigne. »

Passant à la partie purement hygiénique de la question, j'ai cru pouvoir établir que la prostitution libre ne saurait fournir à la diffusion de la syphilis qu'un tribut relativement faible ; — que les femmes atteintes de

chancres et se sachant malades s'exposent en général le moins possible à
les communiquer, lorsque, exerçant librement leur industrie, elles ont
conservé la faculté de refuser un client ; — que si, dans les conditions
actuelles, elles paraissent mettre de la négligence à rechercher les secours
de l'art, cela tient à ce qu'elles ne trouvent gratuitement ces secours que
dans des établissements qui sont des prisons autant que des hôpitaux ; à ce
qu'à tort ou à raison elles considèrent ces hôpitaux comme des annexes du
bureau d'inscription, et craignent de s'y voir imposer la flétrissante tutelle
de l'administration.

Je prétends, enfin, que la propagation de la syphilis est surtout le fait de
deux catégories de gens infectés, toutes deux soumises à des visites pério-
diques : les militaires et les filles soumises. Le militaire et la fille se considèrent comme en règle vis-à-vis d'une discipline qui, pour eux, est devenue
toute la loi et toute la morale, lorsqu'ils se sont présentés au jour voulu à
la visite. Tant qu'ils ne sont pas détenus à l'hôpital, ils communiquent leur
mal sans aucun scrupule. D'ailleurs, ceux qui ont ou croient avoir intérêt
à éviter la visite trouvent souvent moyen d'y échapper : on en a là preuve
dans l'âge que présentent, à leur entrée à l'hôpital, la plupart des véroles
militaires, celles surtout qui appartiennent aux corps dans lesquels cet
accident est considéré comme entraînant une mauvaise note, à la gendarme-
rie notamment. Est-il certain que les choses se passent autrement pour les
filles ? — Le médecin n'a à examiner que celles qu'on lui présente.

En résumé, la réglementation de la prostitution créant aux filles soumises
une sécurité qui a beaucoup plus d'inconvénients que les visites n'ont
d'avantages, n'offre aucune garantie hygiénique. Il est donc très-désirable
que l'administration renonce à se faire, sous prétexte d'hygiène, la pour-
voyeuse de la débauche publique.

En attendant que ce progrès soit réalisé, on arrivera à limiter les ravages
de la syphilis en reconnaissant que les vérolés sont des malades, en admettant dans les hôpitaux ordinaires ceux qui demandent à y entrer, en ne
faisant pas de retenue sur la solde des militaires retenus à l'hôpital comme
vénériens.

9. Appareil facilitant l'exercice de la natation.

Si je mentionne ici cet appareil, que j'avais fait établir dans un but thérapeutique (voy. n° 19), c'est qu'il me paraît de nature à être souvent
utilisé par les gens bien portants ; depuis bientôt deux ans, en effet, il sert
exclusivement, chez son constructeur, à donner des leçons de natation.

La figure ci-contre me permettra d'en abréger la description.

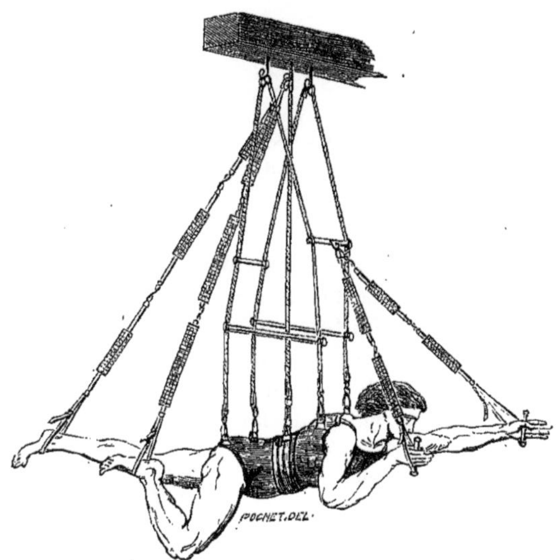

Le tronc du sujet étant commodément suspendu, les membres sont soutenus par des cordons élastiques qui opposent à leur extension des résistances reproduisant autant que possible celles d'un milieu liquide dans lequel on nagerait. Le chef supérieur des résistances élastiques est attaché d'autant plus haut que les membres du sujet ont plus besoin d'être portés.

10. La vie et la santé. *Précis de physiologie et d'hygiène. Doctrines et superstitions médicales.* 1 volume in-12(1).

Première partie : PHYSIOLOGIE (voyez n° 4).
Sommaire de la deuxième partie : HYGIÈNE.

I. HYGIÈNE DES FONCTIONS DE NUTRITION.— *Absorptions digestives.* Aliments. Condiments. Boissons. — *Excrétions intestinales.* — *Excrétion urinaire.* — *Absorption respiratoire.* — *Absorption cutanée.* Bains. Cosmétiques.

II. HYGIÈNE DES FONCTIONS DE RELATION. — Automatisme et volonté. — Intelligence instinct. — Sensations. — Exercice. Occupations. Phonation. — Veille et sommeil.

III. FONCTIONS DE REPRODUCTION. — Fécondation. — Rapprochement sexuel. — Mariage et célibat. — Stérilité. Infécondité. — Gestation. — Accouchement. — Allaitement.

IV. DU ROLE DES MODIFICATEURS PHYSIQUES EXTÉRIEURS. — Atmosphère. — Du sol et des eaux. — Habitations. — Vêtements.

Malgré la forme dogmatique de ce travail, tout n'y est pas compilation. Parmi les articles que je considère comme originaux, je citerai les suivants :
Définition de l'hygiène. — Condiments. — Toniques et stimulants. — Vins rouges et vins blancs. — Effets des bains. — De l'instinct chez l'homme. — Privation d'exercice et repos.— Mariage et célibat.— Des observations météorologiques isolées appliquées aux choses de l'hygiène. — Habitations. — La plus grande partie de l'article *Vêtements.*

(1) Cet ouvrage, primitivement destiné au concours Nadaud, n'a pu être publié qu'en 1863.

PATHOLOGIE

11. Mémoire sur la rupture du tendon du triceps fémoral et description d'un appareil inédit de Baudens. (*Clinique européenne*, 1859.)

Description de l'appareil. — Le membre est placé dans l'extension dans une boîte à ciel ouvert exactement semblable à celle qui sert à maintenir réduites les fractures du fémur. Le plancher de la boîte est garni de coussins de crin sur lesquels repose la face postérieure du membre. A la plante du pied répond la face de la boîte qui, utilisée pour l'extension dans les fractures, ne sert ici qu'à maintenir le parallélisme des parois latérales sur lesquelles les liens coaptateurs prennent leur point d'appui.

L'indication est, ici, de rapprocher les bouts du tendon divisé, c'est-à-dire de remonter autant que possible la rotule et d'abaisser, au contraire, la partie supérieure du tendon du triceps par une pression continue opérant sur une surface musculaire aussi large que possible.

Pour obtenir d'une manière permanente cette contention que les mains ne peuvent donner que passagèrement, Baudens a remplacé la main du chirurgien par une bande résistante et élastique C qui, fixée par ses deux extrémités aux parois latérales de la boîte, opère l'élévation de la rotule. Cette bande de caoutchouc appuie sur une compresse qui recouvre le ligament rotulien et la moitié inférieure de la rotule.

Pour abaisser le bout supérieur du tendon divisé, il est nécessaire d'agir largement sur le muscle triceps fémoral, et d'opposer à sa tonicité permanente un effort permanent aussi. Pour cela, Baudens l'a embrassé au niveau de sa partie moyenne par une large main de caoutchouc A, fixée aux parois

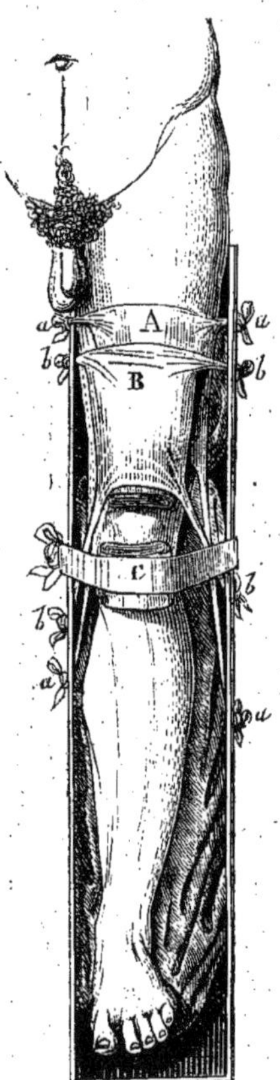

latérales de la boîte par des liens *a, a,* attachés en des points tels que la plaque de caoutchouc, appuie assez fortement sur le muscle et le tire vers le genou. Une autre main de caoutchouc B, placée plus bas et plus en dedans, exerce la même action sur le tendon du droit antérieur et sur une partie de faisceau vaste interne.

Une pression verticale s'exerçant sur chacun des bouts rompus, il pouvait être à craindre que les surfaces divisées ne s'affrontassent pas exactement, que les axes du ligament inférieur et du tendon supérieur, au lieu d'être dans le prolongement l'un de l'autre, se rencontrassent obliquement, condition défavorable à une juxta-position parfaite. Pour éviter cet inconvénient, deux épingles étaient implantées latéralement sur la bretelle C, et deux autres à la partie inférieure de la main de caoutchouc B. Ces épingles servaient à accrocher des fils de caoutchouc qui appuyaient sur la partie supérieure de la rotule dont les séparait une compresse sur laquelle ils s'entrecroisaient en huit. Cette disposition additionnelle n'est pas figurée sur la gravure; elle eût rendu la disposition fondamentale de l'appareil moins facile à saisir (1).

Remarques sur le mécanisme de la rupture du tendon du triceps fémoral. — Ce qui a été dit du mécanisme des fractures de la rotule et de la rupture du ligament rotulien est, d'une manière générale, applicable à la portion sus-rotulienne du tendon du triceps. Il y a lieu toutefois, dans l'étude comparative de ces diverses solutions de continuité, de tenir compte, indépendamment des conditions accidentelles de fragilité spéciales à quelque point, du rôle que joue la fixité ou la mobilité de certaines parties.

Dans le cas dont l'observation est rapportée dans mon mémoire, c'est la partie inférieure du membre qui s'est trouvée fixée, le haut du corps étant mobile. Pareille chose s'était présentée dans les deux cas de J. Sédillot (1817) et dans celui qu'il rapporte d'après la *Gazette de santé* (1816), tandis que la condition inverse a été quelquefois notée dans les cas de fracture de la rotule. Baudens a fait remarquer que, lorsque dans l'extension de la jambe sur la cuisse il survenait une rupture du ligament rotulien ou une fracture transversale de la rotule, le retrait du corps en arrière qui, pour rétablir l'équilibre, exagérait l'extension, était toujours précédé d'une légère flexion du genou. Cette légère flexion, en exagérant la saillie de la rotule, est très-favorable à la production des ruptures précitées. Or, le degré de flexion du genou qui précède l'extension forcée n'est pas toujours

(1) Élève de Baudens, j'ai dû saisir l'occasion qui m'était offerte ici de faire connaître, par une description suffisante, son dernier appareil resté inédit; je dois m'élever en même temps contre les prétentions de ceux qui, peu après la mort d'un maître dont la mémoire m'est chère, ont cru pouvoir donner comme leurs ses appareils à fractures.

Baudens est le premier qui ait nettement formulé et heureusement réalisé l'idée de remplacer, dans les appareils à fractures, les mains du chirurgien et de ses aides par des organes équivalents; il est aussi le premier qui y ait employé le caoutchouc en vue d'opposer à la rétractilité musculaire, force essentiellement variable, une résistance qui se proportionne à elle.

le même; de plus, ce n'est pas tant le rapport de position du tibia et du fémur qui détermine la tension du triceps et de son tendon qu'une contraction de la partie musculaire. Le muscle triceps étant au repos, on pourra, agissant sur la jambe, mettre le membre dans une grande extension sans tendre ce muscle d'une façon bien notable. Dans ces ruptures, la cause est donc surtout active, et réside dans la contraction de la masse musculaire du triceps, seule capable, je pense, de produire ce qu'on a appelé l'extension forcée du membre, et que j'appellerais bien plutôt la tension forcée du muscle.

Cette tension forcée du muscle peut surprendre la rotule dans des positions variées sur la poulie fémorale. Dans ces positions, la rotule appuiera sur le fémur, tantôt par sa partie inférieure, tantôt par sa partie moyenne, tantôt par une surface voisine de son bord supérieur. Ces situations diverses de la rotule, pendant lesquelles survient tout à coup la tension forcée du muscle extenseur, me paraissent devoir exercer une grande influence sur la position du point au niveau duquel s'effectue la solution de continuité. Toutes conditions autres étant égales d'ailleurs, le ligament rotulien cédera dans le premier cas; la rotule, dans le second; le tendon sus-rotulien, dans le dernier.

12. Études de pathologie nerveuse. (*Annales de l'électro-thérapie*, 1863-64.)

SOMMAIRE : I. INTRODUCTION A L'ÉTUDE ANALYTIQUE DE LA PATHOLOGIE NERVEUSE. — Du mouvement et de ses conditions. — De la conscience et de la volonté au point de vue clinique. — Origines physiologiques des mouvements. — Classification des mouvements réflexes basée sur les phénomènes de conscience. — Fonctions centrales. — Arc cérébral et arc diastaltique de Marshall-Hall. — Appareil ganglionnaire. Ses relations avec l'appareil cérébro-spinal. Actions réflexes vaso-motrices.

I. PARALYSIES NERVEUSES ET MUSCULAIRES. — *Paralysies musculaires.* — Leur caractéristique. — Leurs causes physiques et chimiques. — Leurs causes physiologiques. — Influence des nerfs sur la nutrition des muscles. — Loi de Marshall-Hall sur l'état de la contractilité dans les paralysies. Vérifications de cette loi dans les divers cas particuliers.

Conclusions : La paralysie musculaire primitive aiguë est immédiatement mortelle et n'a été encore observée ou démontrée que par les vivisecteurs ; jamais on ne l'a rencontrée dans la pratique médicale.

Les paralysies musculaires chroniques étudiées jusqu'ici sont secondaires et sous la dépendance de lésions nerveuses.

L'abolition de la contractilité a été notée dans l'atrophie musculaire graisseuse comme conséquence d'une atrophie, primitive peut-être, mais sur le mécanisme de laquelle on n'a encore aucune donnée positive.

III. *Paralysies de la sensibilité.* — Caractères cliniques des paralysies de la sensibilité. — Des sensibilités conscientes et inconscientes. Sensibilités confuses. — Influence des divers modes de sensibilité sur la motricité volontaire et sur la fonction intellectuelle. — Propriétés et fonctions des nerfs sensitifs. — Leurs modifications physiques, chimiques et physiologiques. — Étude des anesthésies pathologiques et de leurs rapports avec les phénomènes de mouvement, avec les phénomènes intellectuels et avec les névralgies.

J'ai insisté, dans ce dernier chapitre, sur la coïncidence fréquente des anesthésies avec les douleurs spontanées, et sur les nombreuses erreurs de diagnostic qu'entraîne l'ignorance de cette coïncidence paradoxale en apparence, mais pouvant s'expliquer par une affection de la continuité ou même de la terminaison périphérique des nerfs.

A l'occasion des paralysies de la sensibilité, se trouve mentionnée encore une condition pathologique, l'*anesthésie articulaire*, sur laquelle j'ai plusieurs fois insisté dans mes cours, et qui sera l'objet d'un travail dont je réunis les matériaux. J'espère avoir établi que le plus grand nombre des affections articulaires décrites comme hydarthroses chroniques, arthrites sèches, tumeurs blanches stationnaires, sont des affections nerveuses de l'ordre des anesthésies, affections dont la curabilité peut presque toujours être reconnue dans un premier examen.

13. De la maladie, des doctrines et des superstitions médicales, formant la troisième partie de mon *Précis d'hygiène.* (Voy. n° 4 et 10.)

SOMMAIRE : I. De la maladie en général. — Diagnostic et pronostic. — Siége, formes, marche et durée, terminaisons, causes et traitement des maladies.

II. Doctrines médicales.

III. Superstitions médicales. — Homœopathie. — Magnétisme animal. — Somnambules médecins.

Le premier chapitre, consacré à la maladie en général, a seulement pour but de définir et d'expliquer les termes nécessaires à l'intelligence des deux chapitres suivants dont la matière me paraît le complément nécessaire de l'éducation hygiénique des gens du monde.

J'ai cru devoir cependant, à l'occasion de la *nature médicatrice*, insister sur les explications qui ont été données de la guérison spontanée des maladies. Loin de voir dans la *nature médicatrice* la manifestation d'un *effort conservateur*, j'en regarde les effets comme relevant d'une condition purement passive. Dans l'organisme vivant, comme dans une machine inanimée, la solidarité fonctionnelle qui existe entre les divers rouages fait que celui qui est malade ou dérangé est entraîné à continuer ses fonctions par le mouvement qu'ont conservé les autres rouages, mouvement qui est l'expression, tant de leur vitesse acquise que de la réparation par les influences extérieures de la force qu'ils dépensent incessamment. De là résulte le maintien d'une harmonie favorable au rétablissement de l'organe ou du système malade, si les troubles de nutrition dont il est le siége peuvent être modifiés et permettre le retour aux conditions normales.

Les trois ordres les plus généraux d'indications thérapeutiques peuvent être immédiatement déduits de cette considération de l'organisme envisagé comme un agrégat en mouvement constitué par de la matière inerte : attaquer directement, lorsque c'est possible, l'état morbide local, — s'opposer aux conditions qui favorisent l'influence fâcheuse de la partie malade sur le reste de l'organisme, — aider autant qu'on le peut la résistance des rouages sains.

J'examine ensuite ce qu'est l'*empirisme* et quel est son rôle, — comment on doit comprendre les médications *rationnelles*, — puis, dans un autre ordre d'idées, les raisons d'être de la *médecine du symptôme*.

L'examen des doctrines présente une sérieuse difficulté préliminaire : on a bien la notion, claire ou confuse, des deux tendances auxquelles on a donné les noms de *vitalisme* et d'*organicisme* ; mais toutes mes recherches pour trouver des définitions de ces doctrines qui fussent des définitions ont été vaines. Force m'a donc été de préciser la portée d'aspirations qui ne me paraissaient pas suffisamment définies, en me basant sur les conséquences qu'on en tirait.

Les systèmes dans lesquels on fait intervenir des forces indépendantes de la matière, non localisables, surnaturelles par conséquent, forment le groupe des doctrines *vitalistes*.

Scientifiquement, le vitalisme est absolument et systématiquement stérile. Tous les progrès qu'a faits la physiologie ont été accomplis en dehors de lui. Pratiquement, il doit accepter l'*empirisme*, en dehors duquel il ne peut choisir qu'entre l'*expectation* qui laisse aux prises l'âme du malade et l'âme de la maladie, et l'*homœopathie* qui oppose à l'âme de la maladie l'âme d'un médicament.

L'*organicisme* vrai n'admet, pour expliquer les phénomènes de la vie, que l'intervention des forces générales dont l'étude ressort des sciences qui s'occupent des corps bruts.

Recherchant quelles étaient les conditions d'existence communes aux corps bruts et aux êtres vivants, par quels liens la physiologie pouvait se rattacher à la physique générale, l'organicisme a conduit à expliquer d'une façon satisfaisante quelques-uns des phénomènes de la vie. L'erreur de ceux qui ont prétendu tout ramener à ce point de vue exclusif, a été de voir les bases d'une *doctrine* dans le programme d'une *méthode* d'expérimentation.

Le *vitalisme organique* admet que la vie est entretenue par le concours d'un plus ou moins grand nombre de forces, *inhérentes aux éléments qui les manifestent* comme dans la nature brute, et susceptibles d'être étudiées comme *propriétés de la matière vivante.*

Le vitalisme organique n'a pas à recourir au surnaturel pour tenir compte des conditions qui différencient les êtres vivants des corps bruts; les phénomènes de la vie trahissent seulement l'intervention d'un plus grand nombre de forces.

C'est d'après les leçons de M. Cl. Bernard que j'ai rappelé ensuite quels sont les moyens d'accroissement de nos connaissances en biologie, et comment doit procéder l'analyse expérimentale des phénomènes, tendant à les décomposer en phénomènes déjà élucidés par une science plus simple, éliminant ainsi des problèmes de physiologie les éléments physiques et chimiques, décomposant enfin les problèmes de pathologie et de thérapeutique en leurs éléments physiologiques.

C'est encore d'après les leçons de M. Cl. Bernard que j'ai résumé la question de la localisation et de la généralisation des maladies. Cette question m'a paru devoir être rapprochée de l'examen des doctrines, parce que c'est toujours à son occasion qu'ont surgi les discussions sur les principes de la médecine.

THÉRAPEUTIQUE

14. Hyperplasies conjonctives des organes contractiles. *De l'emploi de la faradisation dans le traitement des engorgements et déviations de l'utérus et de l'hypertrophie prostatique.*

La méthode thérapeutique qui fait l'objet de ce travail s'adresse à une condition pathologique comprise ordinairement sous la dénomination générale d'*engorgement parenchymateux*, et dont j'ai cru pouvoir caractériser plus exactement la nature en lui donnant le nom d'*hyperplasie conjonctive*.

Dans les organes musculeux, le travail de la désassimilation nutritive ne se fait guère que pendant et par la contraction. A défaut de celle-ci, le blastème qui était destiné à nourrir le muscle s'organise en tissu conjonctif qui se substitue au tissu contractile, ou s'ajoute simplement à lui, mais en le disséminant dans une gangue plus considérable, et gênant ainsi de plus en plus l'accomplissement de ses fonctions. Provoquer des contractions dans un muscle est donc un moyen d'y activer la nutrition languissante et d'en prévenir l'engorgement.

Telles sont les considérations qui m'ont conduit à combattre par la faradisation, dans les organes splanchniques aussi bien que dans ceux de la vie de relation, les lésions de nutrition caractérisées par une hypertrophie du tissu conjonctif entraînant l'atrophie ou l'impuissance fonctionnelle du tissu contractile. Cette méthode de traitement, que je n'ai encore opposée qu'aux lésions de l'utérus et de la prostate, comporte sans doute des applications plus variées. Elle constitue une véritable *orthopédie médicale* pour l'organe, en même temps qu'elle crée pour le tissu les conditions d'une nutrition plus active.

Engorgements utérins. — Dans les engorgements utérins, j'ai constamment obtenu, en un nombre de séances relativement peu considérable (de 6 à 12 ou 15), une diminution très-appréciable du volume ou du poids de l'organe.

Engorgement prostatique. — Je ne possède encore qu'une observation d'engorgement prostatique traité par la faradisation de la glande ; elle est tout à fait probante. Le nombre assez élevé des séances qui peuvent être nécessaires sera sans doute un obstacle à la vulgarisation de ce mode de traitement ; mais il me suffit d'avoir établi qu'il peut conduire au but voulu par des moyens exempts d'inconvénients.

Déviations utérines (versions et flexions). — Ayant dans la faradisation un moyen commode de provoquer des contractions utérines, j'ai songé à localiser celles-ci dans une des faces de l'organe afin d'utiliser les contractions isolées de cette face pour le redressement de l'utérus dévié en sens opposé. Une expérience qui date déjà de cinq années m'a démontré qu'en effet, il est assez souvent possible de redresser ainsi un utérus dévié. Toutefois j'ai souvent échoué, quand le défaut de mobilité de l'utérus rendait présumable son immobilisation par des adhérences. Dans ces circonstances, je n'ai pas cru devoir rechercher ce que donnerait un traitement prolongé au delà du terme habituel (de 15 à 30 séances).

L'influence des contractions sur la nutrition du parenchyme utérin me paraît enfin la condition la plus capable de remédier aux troubles de nutrition qui accompagnent les flexions.

Effets éloignés de la faradisation de l'utérus. — En traitant par la faradisation les déformations et les déviations de l'utérus, j'avais simplement pour but de tirer parti de la contractilité des éléments musculaires de cet organe pour produire des effets mécaniques ; mais l'observation m'a bientôt montré que ces résultats n'étaient pas seuls obtenus ; et ce traitement m'a suffi pour obtenir la guérison ou une amélioration considérable d'un grand nombre d'accidents hystériques à forme névralgique, convulsive ou paralytique. Aussi en suis-je venu à traiter d'emblée par la faradisation utérine les diverses manifestations hystériques, ne demandant à l'examen local que de guider dans le choix du procédé à adopter.

La méthode de traitement dont je viens d'indiquer l'esprit et les résultats a été, le 1er août 1859, l'objet d'une communication à l'Académie des sciences. Mon travail, dont un extrait seulement fut inséré aux *Comptes rendus*, parut *in extenso* dans la *Clinique européenne* (numéro du 6 août). Une version plus complète en a paru ensuite dans la *Gazette médicale de Paris* et dans mon *Manuel d'électrothérapie* (1861). Enfin, dans les *Annales de l'électrothérapie*, j'ai repris ce sujet, donnant avec tous les détails dont l'expérience m'avait démontré l'importance les divers procédés de faradisation de l'utérus, signalant les indications de chacun d'eux, et insistant sur toutes les circonstances organiques ou physiques qui peuvent compromettre le succès de l'opération ou être simplement la source de douleurs inutiles.

Quelques cas de faradisation d'utérus gravides m'autorisent enfin à conclure que, contrairement à l'opinion généralement admise, la faradisation ne saurait suffire pour détacher avant sa maturité un œuf sain.

15. Médication hydro-carbonée dans le choléra. (*Clinique européenne*, 1859.)

La médication recommandée dans ce travail contre les accidents les plus généraux du choléra m'a donné des résultats promptement satisfaisants, dont l'importance toutefois est fort amoindrie par cette circonstance qu'ils ont été obtenus lors du déclin d'une épidémie ou dans des cas sporadiques.

Les hypothèses qui m'ont conduit à essayer l'emploi de diverses substances hydrocarbonées, tant à l'extérieur qu'à l'intérieur, sont les suivantes :

1° On a fait dépendre les maladies dites infectieuses de l'intoxication par un poison organique qui, trouvant le sang dans des conditions prédisposantes particulières, y provoquerait une décomposition chimique de l'ordre des fermentations. Or, les fermentations pouvant, contrairement à ce qui a lieu pour les combinaisons de la chimie minérale, s'effectuer dans le sang, il devait venir à l'idée de faire pénétrer dans l'économie par voie d'absorption quelqu'un des agents dont la présence met obstacle aux fermentations. Dès lors il y avait lieu d'essayer les hydrogènes carbonés, et spécialement les produits *empyreumatiques* et *oléo-résineux*.

2° Un des caractères anatomo-pathologiques du choléra est la chute de l'épithélium intestinal. Cette destruction de l'épithélium est sans doute pour beaucoup dans le flux séreux dont la membrane muqueuse digestive est le siége : les conditions normales de l'absorption et de l'excrétion se trouvent atteintes dans leur organe principal. De là l'indication d'essayer sur la muqueuse l'influence topique des mêmes substances empyreumatiques et oléo-résineuses, en vue du cas possible où le symptôme *destruction de l'épithélium* reconnaîtrait un mécanisme analogue à celui de l'affection générale, et où quelque fermentation pathologique aurait son siége sur la muqueuse. D'un autre côté, l'épithélium modérant les absorptions et les exhalations dont il régularise l'action, n'y aurait-il pas lieu de le remplacer par une sorte de *vernis* qui, sans satisfaire aux mêmes exigences physiologiques, pourrait cependant avoir pour résultat de diminuer la perméabilité excessive de la surface intestinale ?

3° Les observations ozonométriques faites pendant les dernières épidémies portent à admettre que le choléra est lié, primitivement ou consécutivement, à certaines modifications des conditions électriques de l'atmosphère. L'immunité dont ont paru jouir quelques localités en raison d'une constitution géologique donnée (terrains granitiques, peut-être aussi argileux) ne permet guère de douter de l'importance prophylactique de certaines conditions de milieu indépendantes de la cause toxique. Ces raisons suffisaient pour justifier les tentatives ayant pour but d'agir empiriquement sur les conditions électriques de l'organisme. L'isolement devait se présenter tout d'abord à la pensée; et il a été autrefois essayé pour les lits des malades. J'ai cru pouvoir agir plus efficacement, bien que dans une direction fort peu définie, j'en conviens, en essayant l'isolement des surfaces en rapport avec l'extérieur au moyen des matières grasses ou oléo-résineuses.

Enfin, l'idée d'employer dans le choléra, soit à titre d'agents prophylactiques, soit comme moyens curatifs, les substances oléo-résineuses ou pyrogénées, se trouvait justifiée par l'immunité dont on a prétendu que jouissaient les individus placés dans certaines conditions : les gens occupés de la fabrication ou de la vente des huiles, les habitants des passages de Paris, dans l'épidémie de 1832, alors que les passages étaient seuls éclairés au gaz, etc.

16. De l'eau-de-vie dans la phthisie. (Communication à l'Académie des sciences, 1864.)

C'est d'abord en vue de combattre le symptôme vomissement que je me suis trouvé conduit à faire boire de l'eau-de-vie aux phthisiques.

L'idée première de ce traitement est née d'expériences de M. Claude Bernard, qui, ayant fait des injections d'alcool étendu dans l'estomac de chiens au début de leur digestion, a constaté que cette digestion était arrêtée. L'hypothèse d'une anesthésie locale empêchant les phénomènes réflexes de sécrétion m'ayant paru celle qui rendait le mieux compte des faits observés, j'ai pensé que l'ingestion des liqueurs alcooliques, prises en quantité suffisamment faible pour laisser prédominer l'effet local, pouvait servir à prévenir toutes les manifestations motrices réflexes à point de départ gastrique.

Les quintes de toux suivies de vomissements qu'on observe chez les phthisiques immédiatement après les repas étant évidemment des phénomènes de ce dernier ordre, j'ai cru pouvoir les empêcher en insensibilisant l'estomac au moyen de l'eau-de-vie ; et le résultat a justifié ma tentative.

Quelque encourageants qu'aient été mes premiers essais, entrepris dans les circonstances les moins favorables, je ne prétends pas que l'ingestion des alcooliques doive guérir la phthisie ; mais je crois pouvoir affirmer que, pris après le repas, ils constituent un bon moyen d'empêcher les vomissements, et que, loin d'exercer sur l'état général des phthisiques l'influence fâcheuse qu'on leur attribue, ils diminuent la toux et les sueurs, procurent du sommeil et favorisent le rétablissement des forces.

Depuis la communication faite sur ce sujet à l'Académie des sciences, des observations de guérison de la phthisie par les liqueurs alcooliques ont été publiées en Allemagne. Le fait de l'utilité de ce traitement ayant été constaté empiriquement, M. le docteur Kempf a cru pouvoir l'expliquer en admettant que le tubercule est une production fibrineuse ; que la production excessive de fibrine dépend d'une suroxydation du sang ; enfin que la présence de l'alcool dans le sang abaisse le degré d'oxydation de ce dernier liquide.

17. Manuel d'électrothérapie. *Exposé pratique et critique des applications médicales et chirurgicales de l'électricité.* 1 vol. in-12. Paris, 1861.

Sommaire : PREMIÈRE PARTIE. — *De la force électrique et de ses origines. — Appareils destinés à en diriger l'action sur l'organisme. — Réactions physiologiques provoquées par les applications électriques.*

I. ÉLECTROGÉNÈSE. — Électrogénèse par frottement, — par action chimique, — par induction. — Électrogénèse chez les êtres vivants.

II. APPAREILS ÉLECTRIQUES. — Appareils donnant l'électricité à l'état statique ou de tension. — Couples et piles. — Appareils d'induction. — Organes accessoires des appareils électro-médicaux.

III. ACTION DE L'ÉLECTRICITÉ SUR LES ÊTRES VIVANTS. — Actions physiques générales. — Réactions présentées par les systèmes histologiques. — Réactions présentées par quelques appareils et organes.

DEUXIÈME PARTIE. — *Applications à la thérapeutique médicale et chirurgicale.*

IV. HISTORIQUE ET PROCÉDÉS GÉNÉRAUX. — Électrisation statique. — Galvanisation. — Faradisation. — Applications métalliques et magnétiques. — De l'électrisation généralisée.

V. Applications médicales. — Paralysies. — Névralgies. — Affections convulsives. — Lésions de nutrition. — États morbides divers.

VI. Applications chirurgicales. — Applications physiques. — Applications chimiques. — Anesthésie électrique.

Parmi les articles originaux que renferme ce manuel, je signalerai :

Les considérations relatives aux influences exercées, dans l'usage des courants d'induction, par la double condition de leur direction alternante et de leur tension, — et la description de l'appareil que j'ai imaginé pour analyser expérimentalement les résultats produits.

L'introduction, dans la pratique, d'un certain nombre d'excitateurs, parmi lesquels les excitateurs de charbon que j'emploie aujourd'hui, toutes les fois que la chose est possible, à l'exclusion des excitateurs métalliques, — et les excitateurs tubulaires à eau, destinés à assurer une plus grande constance aux courants dans les recherches délicates.

Les expériences que M. le docteur Roth et moi avons faites chez des animaux empoisonnés par le curare, expériences établissant que l'état *galvanotonique* des muscles, de M. Remak, peut se produire indépendamment de l'intervention du système nerveux. Nous n'avons cherché toutefois qu'à répéter, dans des conditions physiologiques nouvelles, l'expérience de M. Remak ; et nous n'en avons pas modifié les conditions physiques, laissant intacte la question de savoir si les résultats obtenus doivent être attribués à l'action permanente du courant plutôt qu'à ses oscillations.

Les épreuves tentées sur des animaux empoisonnés par le curare pour comparer les effets de l'électrisation longitudinale et ceux de l'électrisation transversale des muscles.

Une explication des faits dans lesquels l'excitation électrique laisse immobiles des muscles qui obéissent cependant à la volonté, explication indépendante de l'hypothèse inadmissible d'une contractilité électrique distincte de la contractilité physiologique.

Des expériences sur la production des phosphènes dans la galvanisation de la face, expériences établissant l'influence de l'état variable particulier déterminé par la rupture ou la fermeture du circuit au niveau du point où a lieu cette rupture ou cette fermeture.

Des expériences sur les sensations gustatives provoquées par la galvanisation immédiate ou médiate de la langue. La comparaison des résultats obtenus dans les deux cas est intéressante en ce qu'elle fournit un exemple de réaction physiologique définissable, ou au moins perceptible, liée à l'action permanente d'un courant continu, et que ces exemples sont jusqu'ici assez peu nombreux pour que les applications médicales de la galvanisation aient encore un caractère tout à fait empirique.

Relation d'un cas pathologique dans lequel des épreuves interrompues et répétées plusieurs fois ont établi très-nettement l'efficacité des applications métalliques dans des circonstances qu'il reste à définir. Inutilité de l'hypo- thèse qui attribue à ces applications une vertu spécifique.

Relation d'un cas de diabète ne réduisant pas le tartrate cupro-potassique, mais donnant par la fermentation une grande quantité d'acide carbonique. C'est, je crois, le premier cas de ce genre qui ait été signalé. J'avais été conduit à soupçonner l'existence d'un diabète et à en rechercher les signes par la coexistence d'une aphonie avec de la dyspnée, sans lésions cardiaques ou pulmonaires appréciables.

Discussion du mémoire de **M. R.** Leroy d'Étiolles sur les *paraplégies génito-urinaires*. Rapprochant les faits cliniques des résultats obtenus dans les vivisections, je me trouve conduit à admettre, contrairement aux vues de l'auteur, qu'un état pathologique du centre nerveux préexiste, dans ces paraplégies, à l'affection des voies urinaires, et que cette dernière est l'effet et non la cause de l'affection nerveuse.

C'est encore en interprétant, à l'aide des vivisections (Budge et Waller, Philipeaux et Vulpian), les résultats obtenus par **M.** Duchenne dans les cas de paralysies par lésions traumatiques des nerfs mixtes, que je me suis trouvé conduit à conclure, contrairement aux vues de ce dernier auteur, qu'il n'y a aucun résultat avantageux à attendre de la faradisation lorsqu'on intervient à une époque rapprochée du début de l'affection. Plus tard, la faradisation donne des guérisons rapides.

Observation d'un cas de résection du nerf facial, suivi du retour [des propriétés musculaires et de celles du bout périphérique du nerf, sans que les mouvements volontaires aient reparu. Ce cas est, je crois, le seul où la régénération autogénique du bout périphérique d'un nerf coupé, sans réu- nion de ce bout au bout central, régénération constatée dans les vivisec- tions de MM. Philipeaux et Vulpian, ait été notée chez l'homme.

La coïncidence fréquente de certains états convulsifs, névralgiques, para- lytiques, dyscrasiques, avec des états pathologiques de l'utérus, me conduit à admettre un *nervosisme utérin*, comprenant, en même temps que la forme classique de l'hystérie, les états présentés comme formes anormales de celle-ci. Les conséquences pratiques que j'ai tirées de cette coïncidence ont été rappelées précédemment. (Voyez n° 14.)

Hyperplasies conjonctives des organes contractiles, notamment de l'utérus et de la prostate, et leur traitement par la faradisation. (Voyez n° 14).

Enfin, l'observation des faits qui devaient servir de point de départ à la méthode de galvanocaustique chimique m'a conduit à apporter une modification au procédé opératoire de la cure des anévrysmes par la coagulation galvanique du contenu du sac. Au lieu d'implanter dans la tumeur les deux électrodes terminés par des aiguilles de platine, je me contente d'y implanter l'électrode positif, autour duquel se forme le caillot. L'électrode négatif, au niveau duquel se produisent surtout les douleurs et la cautérisation des tissus, aboutit à un excitateur humide appliqué extérieurement à la tumeur ou sur une partie voisine.

18. Application de l'électricité à la médecine. *Revue critique des travaux publiés de 1855 à 1861.* (*Archives générales de médecine,* 1861.)

L'étude parallèle de l'électrisation statique, de la galvanisation et de la faradisation peut seule permettre d'apprécier convenablement chacune de ces méthodes : c'est par elle seulement qu'on arrivera à isoler les influences de la tension et de la quantité, et à pouvoir faire, dans chaque cas spécial, un choix raisonné entre les nombreux procédés d'électrisation dont on dispose. C'est enfin en rapprochant ces méthodes des autres modifications physiques qu'on saura distinguer, parmi les effets produits, ceux qui tiennent au procédé d'application de ceux qui tiennent à la nature même de l'agent. Tel est le point de vue général auquel je me suis placé pour tenter une revue critique dont il n'y a pas lieu de rappeler ici les conclusions particulières.

A l'occasion des rares tentatives dont les affections mentales ont été l'objet, j'ai insisté sur la nécessité de ne pas considérer seulement la folie comme symptôme d'une affection cérébrale, comme un état purement subjectif. Il y a lieu de procéder vis-à-vis des états paralytiques ou convulsifs de l'entendement comme on procède vis-à-vis des états paralytiques ou convulsifs de la motricité, ou vis-à-vis des névralgies, et d'étudier leurs relations avec les lésions périphériques de la sensibilité. L'électrisation sera d'un grand secours pour établir ce diagnostic étiologique.

19. Des mouvements de natation dans le traitement de quelques paralysies anciennes des membres. (*Bulletin général de thérapeutique médico-chirurgicale.* Février 1862.)

Dans les états paralytiques qui doivent être rapportés au type *spinal* de Marshall Hall, la réparation de la lésion nerveuse n'est pas immédiatement, ni même nécessairement suivie du retour des fonctions musculaires. A une période de la maladie où cette réparation de la lésion nerveuse est présumable, on retire les meilleurs effets de la faradisation localisée; de plus, la guérison est notablement hâtée par l'exercice des mouvements volontaires. Or, parmi les paralysies spinales, celles qui surviennent spontanément ou par suite d'intoxication compromettent surtout ou compromettent exclusivement les mouvements d'extension des membres. Il faut donc, pour remplir les indications gymnastiques du traitement, prescrire un exercice qui exige surtout l'activité des muscles extenseurs : la natation m'a seule paru réaliser convenablement cette condition.

Mais la natation n'est possible que dans quelques localités, et seulement pendant l'été. La natation suppose le bain frais, et celui-ci peut être contre-indiqué. L'état du sujet peut être tel que les mouvements qu'exige la natation lui soient difficiles ou impossibles, surtout dans un milieu où il se trouve mal à l'aise. Enfin, dans la grande majorité des cas, le sujet auquel les mouvements de la natation seraient utiles ne sait pas nager.

C'est en présence de quelques cas de paralysie atrophique de l'enfance, la plus commune assurément de toutes les paralysies spinales, que j'ai dû, empêché de prescrire la natation par les raisons qui viennent d'être indiquées, imaginer un appareil qui permît d'en exécuter à sec tous les mouvements (voy. la description et la figure de cet appareil, n° 9).

20. Indications thérapeutiques dans les obstructions ou étranglements de l'intestin. (*Gazette des hôpitaux*, 1863.) — **Invagination intestinale. Hernies.** (*Annales de l'électrothérapie*, 1864.)

Obstruction ou étranglement intestinal. — En présence d'un malade qui offre les symptômes communs à l'obstruction et à l'étranglement de l'intestin, symptômes en rapport avec l'arrêt des matières stercorales, il n'y a pas lieu de chercher des indications dans les éléments spéciaux d'un diagnostic étiologique presque toujours impossible. Quelle que soit la cause des accidents, il est impérieusement indiqué de tout faire pour rétablir le cours des matières.

L'observation de trois cas, dans deux desquels la faradisation de l'intestin fut pratiquée et suivie du rétablissement du cours des matières, et les rapprochements que comportent ces observations m'ont conduit à conclure :

Que la faradisation paraît agir efficacement pour rétablir le cours des matières ; — que l'arrêt des matières stercorales peut devenir la cause prédisposante d'une maladie inconnue dans sa nature, mais offrant de nombreux points de ressemblance avec le choléra, maladie qui poursuit sa marche et peut avoir une terminaison funeste alors que le cours des matières est rétabli, et sans qu'il existe aucune lésion intestinale capable d'expliquer la gravité des accidents ; — que la forme des symptômes qui précèdent la mort, alors que le cours des matières est rétabli et qu'il n'y a pas de lésion intestinale grave, doit rendre très-prudent dans le maniement des purgatifs ;

— que la faradisation, à laquelle on ne s'est adressé jusqu'ici que dans des cas très-rares et à la dernière extrémité, est le premier moyen à essayer.

De toutes les variétés d'étranglement intestinal, l'étranglement herniaire est celle dans laquelle l'indication de ce mode d'intervention est le plus nette. Je préfère, dans tous ces cas, la faradisation recto-abdominale aux procédés employés ou recommandés jusqu'ici.

Invagination intestinale. — Parmi les hypothèses appelées jusqu'à ce jour à expliquer l'invagination intestinale, la seule vraisemblable est celle qui fait tomber une certaine longueur d'intestin paralysé dans la portion suivante du canal digestif. Cette invagination se fait très-lentement ; et les accidents auxquels les malades succombent coïncident avec une oblitération due à l'inflammation accidentelle et à l'engorgement du cylindre formé par la portion invaginée repliée sur elle-même et recouverte de la portion d'intestin dans laquelle elle est tombée. Dans cette affection de longue durée, il y a deux ordres d'indications : celles en rapport avec les accidents aigus, et celles fournies par le malaise de l'état chronique.

Je pense qu'en l'absence des accidents de l'état aigu, la faradisation sera utile pour combattre l'atonie intestinale qui, origine extrêmement probable de cette affection, aide à son aggravation progressive.

Hernies. — L'indication est, ici, de resserrer l'anneau, et, en même temps, d'empêcher la partie engagée de se paralyser par le non exercice. Les faradisations recto-inguinale, bi-inguinale et recto-ombilicale m'ont donné de très-bons résultats dans des cas de hernies inguinales et ombilicale.

J'ai su qu'avant mes essais, M. Clément, de Francfort, avait employé avec succès, dans les mêmes circonstances, les applications extérieures de l'électricité statique et du galvanisme.

21. Annales de l'électrothérapie. Revue des applications thérapeutiques de l'électricité et du magnétisme, de l'électrophysiologie, de la pathologie nerveuse et musculaire (1863 64).

SOMMAIRE : PHYSIQUE. — Des moteurs voltaïques à employer dans la pratique médicale. — De quelques modifications à introduire dans la construction des appareils magnéto-faradiques. — Piles au bichlorure de mercure.

PHYSIOLOGIE. — Introduction à l'étude analytique de la pathologie nerveuse (V. n° 12). — Fonction électrique de la torpille (V. n° 3).

PATHOLOGIE. — Paralysies nerveuses et musculaires (V. n° 12).

THÉRAPEUTIQUE. — De la faradisation de l'utérus dans le traitement des engorgements et déviations de cet organe et des névroses de la femme (V. n° 14). — Usage de l'aimant en médecine (d'après Andry et Thouret). — Obstruction ou étranglement intestinal. Invagination intestinale. Hernies (V. n° 20). — La galvanocaustique chimique.

Les effets chimiques de l'électrisation, effets sensibles surtout dans les cas où l'électricité est appliquée sous forme de courant continu, n'avaient pas, jusqu'à ces derniers temps, été utilisés par les médecins, au moins en vue des modifications immédiates, physico-chimiques ou chirurgicales, qu'ils déterminent aussi bien dans la nature inorganique que chez les êtres vivants. M. Luigi Ciniselli a eu le premier l'idée de baser sur l'action analytique du courant continu une méthode de cautérisation ; et il en a, dans un travail fort remarquable, précisé les conditions physiques de manière à éviter tout embarras à ceux qui seraient tentés d'en faire l'application.

Sur la question des applications thérapeutiques, j'ai cru devoir m'écarter des vues du chirurgien italien. Les conclusions de la discussion à laquelle je me suis livré sur ce point peuvent se résumer dans les deux indications générales suivantes :

1° Abandon de la galvanocaustique chimique positive en tant que procédé de cautérisation. La conserver seulement dans le traitement des tumeurs vasculaires, non plus en vue de produire une eschare, mais pour obtenir un coagulum albumineux, comme dans le traitement des anévrysmes.

2° Conserver la galvanocaustique chimique négative pour les seuls cas où la déliquescence ou le défaut de consistance des caustiques alcalins sont les raisons qui leur font préférer actuellement les caustiques acides, le fer rouge, ou la galvanocaustique thermique. Ces cas sont ceux dans lesquels il importe d'obtenir des cicatrices molles et peu rétractiles dans des parties difficilement accessibles ou sur lesquelles on ne peut agir sans s'exposer plus ou moins à léser les parties voisines.